大方廣佛華嚴經 寫經

7

🪷 일러두기

1. 『사경본 한글역 대방광불화엄경』은 『독송본 한문·한글역 대방광불화엄경』에 수록된 한글역을 사경하는 데 편의를 도모하기 위해 편집을 달리하여 간행한 것이다.

2. 『독송본 한문·한글역 대방광불화엄경』은 실차난타가 한역(695~699)한 80권 『대방광불화엄경』의 한문 원문과 한글역을 함께 수록한 것이다. 한문 저본은 고종 2년(1865) 월정사에서 인경한 고려대장경 『대방광불화엄경』이다.

3. 한글 번역은 동국역경원에서 발간한 한글 『대방광불화엄경』(운허)을 중심으로 하고 『신화엄경합론』(탄허)과 『대방광불화엄경 강설』(여천무비) 그리고 최근의 여타 번역본 등을 참조하였다.

4. 한글 번역은 독송과 사경을 위하여 정확성과 아울러 가독성을 고려하였다. 극존칭은 부처님과 불경계에 대해서만 사용하였다.

5. 사경본의 차례는 일러두기 → 한글역 본문 → 화엄경 목차 → 간행사이며 80권 『대방광불화엄경』의 권별 목차 순으로 독송본과 함께 간행한다. (법공양판에는 간행사 다음에 간행불사 동참자를 밝혀두었다.)

사경본 한글역
대방광불화엄경 제7권

3. 보현삼매품
4. 세계성취품

수미해주

대방광불화엄경 제7권 변상도

대방광불화엄경
제7권

3. 보현삼매품

_____ 은(는) 『대방광불화엄경』을
사경하는 인연공덕으로
『화엄경』이 널리 유통되고
우리 모두 다함께 보리 이루기를 발원하옵니다.

대방광불화엄경
제7권

3. 보현삼매품

그 때에 보현보살마하살이 여래 앞에서 연화장 사자좌에 앉아 부처님의 위신력을 받들어 삼매에 들어갔다. 이 삼매는 이름이 일체제불비로자나여래장신이었다.

일체 부처님의 평등한 성품에 널리

들어가서 능히 법계에 온갖 영상을 보이며, 넓고 크며 걸림없어 허공과 같고, 법계바다의 소용돌이에 따라 들어가지 않음이 없으며, 일체 모든 삼매의 법을 출생하고, 널리 시방 법계를 능히 감싸서 거두어들였다.

삼세 모든 부처님의 지혜 광명바다가 모두 여기에서 나오고, 시방에 있는 모든 나란히 펼쳐진 바다들을 다 능히 나타내 보이며, 일체 부처님의 힘과 해탈과 모든 보살들의 지혜를 포함하여 간직하고, 일체 국토의 미진이 널리 가없는 법계를 능히 수용하게 하며, 일체 부처님의 공덕바다를 성취하고, 여래의 모든 큰 서원바다를 나타내 보이며, 일체 모든 부처님의 법륜을 유통하고 보호해 지녀서 끊어지지 않게 하였다.

이 세계 중에 보현보살이 세존 앞에서 이 삼매에 든 것과 같이, 이렇게 온 법계의 허공계와 시방과 삼세와 미세함과 걸림없음과 광대함과 광명과 부처님의 눈으로 보는 곳과 부처님의 힘으로 능히 이르는 곳과 부처님 몸이 나타나시는 일체 국토와, 그리고 이 국토에 있는 미진의 낱낱 티끌 가운데 세계바다 미진수의 부처님 세계가 있고 낱낱 세계 가운데 세계바다 미진수의 모든 부처님이 계시는데, 낱낱 부처님 앞에 세계바다 미진수의 보현보살이 있어서다 또한 이 일체제불비로자나여래장신삼매에 들어갔다.

그 때에 낱낱 보현보살에게 다시

방의 일체 모든 부처님께서 그 앞에 나타나셔서 그 모든 여래께서 같은 음성으로 찬탄하셨다.

"훌륭하고 훌륭하다, 선남자여. 그대가 이 일체제불비로자나여래장신보살삼매에 능히 들어갔도다.

불자여, 이것은 시방의 일체 모든 부처님께서 함께 그대에게 가피하심이니, 비로자나여래의 본원의 힘 때문이며, 또한 그대가 일체 모든 부처님의 행원을 닦은 힘 때문이다.

이른바 일체 부처님의 법륜을 능히 굴리는 연고이며, 일체 여래의 지혜바다를 열어 나타내는 연고이며, 시방의 모든 나란히 펼쳐져 있는 바다를 다 남김없이 널리 비추는 연고이며, 일체 중생으로 하여금 잡되고 물든 것을 깨끗이 다스려 청정함을 얻게 하는 연고이다.

　일체 모든 큰 국토들을 널리 포섭하되 집착하는 바가 없는 연고이며, 일체 모든 부처님의 경계에 깊이 들어가 장애가 없는 연고이며, 일체 부처님의 공덕을 널리 보이는 연고이다.

　일체 모든 법의 실상에 능히 들어가서 지혜를 증장하는 연고이며, 일체 모든 법문을 관찰하는 연고이며, 일체 중생의 근기를 요달해 아는 연고이며, 일체 모든 부처님 여래의 가르침바다를 능히 지니는 연고이다."

　그 때에 시방의 일체 모든 부처님께서 곧 보현보살마하살에게 일체 지혜 성품의 힘에 능히 들어가는 지혜를 주셨다.

법계의 한량없음에 들어가는 지혜를 주시며, 일체 부처님의 경계를 성취하는 지혜를 주시며, 일체 세계바다의 이루어지고 무너짐을 아는 지혜를 주시며, 일체 중생계의 광대함을 아는 지혜를 주시며, 모든 부처님의 매우 깊은 해탈과 차별없는 모든 삼매에 머무르는 지혜를 주셨다.

일체 보살의 모든 근성바다에 들어가는 지혜를 주시며, 일체 중생의 언어바다를 알아서 법륜을 굴리는 변재의 지혜를 주시며, 법계 일체 세계바다의 몸에 널리 들어가는 지혜를 주시며, 일체 부처님의 음성을 얻는 지혜를 주셨다.

이 세계의 여래 앞에 있는 보현보살이 모든 부처님의 이와 같은 지혜 주심을 입은 것과 같이, 이러한 일체 세계바다와 그리고 그 세계바다의 낱낱 티끌 가운데 있는 보현보살도 다 또한 이와 같았다. 무슨 까닭인가? 저 삼매를 증득하면 법이 이와 같은 까닭이다.

이 때에 시방의 모든 부처님께서 각각 오른손을 펴셔서 보현보살의 정수리를 만지셨다. 그 손은 다 상호로 장엄되었고, 미묘한 그물광명이 퍼지고 향기가 흐르며 불꽃이 발산하였다.

또 모든 부처님의 갖가지 미묘한 음성과 자재하고 신통한 일을 내시니, 과거와 현재와 미래의 일체 보살의 보현행원바다와 일체 여래의 청정한 법륜과 그리고 삼세 부처님의 영상이 다 그 가운데 나타났다.

이 세계 중의 보현보살이 시방의 부처님께서 함께 정수리 만지심을 입은 것과 같이, 이러한 일체 세계바다와 그 세계바다 낱낱 티끌 가운데 있는 보현보살도 다 또한 이와 같이 시방의 부처님께서 정수리 만지심을 입었다.

그 때에 보현보살이 곧 이 삼매에서 일어났다. 이 삼매에서 일어날 때에 곧 일체 세계바다 미진수의 삼매바다문에서 일어났다.

이른바 삼세의 생각생각에 차별없는 선교지혜를 아는 삼매문에서 일어나며, 삼세의 일체 법계에 있는 미진을 아는 삼매문에서 일어나며, 삼세의 일체 부처님 세계를 나타내는 삼매문에서 일어났다.

일체 중생의 집을 나타내는 삼매문에서 일어나며, 일체 중생의 마음바다를 아는 삼매문에서 일어나며, 일체 중생의 각각 다른 이름을 아는 삼매문에서 일어났다.

시방 법계의 처소가 각각 차별함을

아는 삼매문에서 일어나며, 일체 미진 가운데 각각 가없이 광대한 부처님 몸구름이 있음을 아는 삼매문에서 일어나며, 일체 법의 이치에 나아가는 바다를 연설하는 삼매문에서 일어났다.

　보현보살이 이와 같은 삼매문에서 일어날 때에 그 모든 보살들이 낱낱이 각각 세계바다 미진수의 삼매바다구름과, 세계바다 미진수의 다라니바다구름과, 세계바다 미진수의 모든 법의 방편바다구름과, 세계바다 미진수의 변재문바다구름과, 세계바다 미진수의 수행바다구름과, 세계바다 미진수의 법계 일체 여래의 공덕장을 널리 비추는 지혜광명바다구름과, 세계바다 미진수의 일체 여래의 모든 힘과 지혜가 차별없는 방편바다구름과, 세계바다 미진수의 일체 여래께서 낱낱 모공 가운데 각각 온갖 세계를 나타내시는 바다구름과, 세계바다 미진수의 낱낱 보살이 도솔천궁전에서 떠나 내려와서 탄생하며 성불하고 바른 법륜을 굴리며 열반에 드는 등을 나타내 보이는 바다구름을 얻었다.

이 세계 가운데 보현보살이 삼매에서 일어날 때에 모든 보살 대중들이 이와 같은 이익을 얻음과 같이, 이러한 일체 세계바다와 그 세계바다에 있는 미진의 낱낱 티끌 가운데서도 다 또한 이와 같았다.

그 때에 시방의 일체 세계바다가 모

든 부처님의 위신력과 보현보살의 삼매력으로 모두 다 조금씩 흔들렸다.

낱낱 세계가 온갖 보배로 장엄되었으며, 그리고 미묘한 소리를 내어서 모든 법을 연설하였다.

또 일체 여래의 대중들이 모인 도량바다 가운데 열 가지 큰 마니왕구름을 널리 비 내렸다.

무엇이 열 가지인가. 이른바 묘한 금성 깃대 마니왕구름과, 광명이 밝게 비치는 마니왕구름과, 보배바퀴가 아래로 드리운 마니왕구름과, 온갖 보배 창고가 보살의 형상을 나타내는 마니왕구름들이었다.

부처님 명호를 드날리는 마니왕구름과, 광명이 치성하여 일체 부처님 세계의 도량을 널리 비추는 마니왕구름과, 광명이 시방을 비추어 갖가지로 변화하는 마니왕구름과, 일체 보살의 공덕을 칭찬하는 마니왕구름과, 햇빛처럼 치성한 마니왕구름과, 뜻에 즐거운 음악 소리가 시방에 두루 들리는 마니왕구름들이었다.

이와 같은 열 가지 큰 마니왕구름을 널리 비 내리고 나서, 일체 여래께서 모든 모공 중에서 다 광명을 놓으시고, 광명 가운데서 게송을 설하여 말씀하셨다.

보현보살이
모든 세계에 두루 머물러
보배연꽃에 앉아있음을
대중들이 보니
일체 신통을
나타내지 않음이 없으며

한량없는 삼매에
다 능히 들어갔도다.

보현보살이
항상 갖가지 몸으로
법계에 두루 흘러
모두 충만해서
삼매와 신통과
방편의 힘을
원음으로 널리 설하여
다 걸림없도다.

일체 세계의
모든 부처님 처소에
갖가지 삼매로
신통을 나타내니
낱낱 신통이
다 두루하여
시방 국토에
남은 곳이 없도다.

일체 세계의
여래 처소와 같이
그 세계 티끌 중에도

다 또한 그러하니
나타낸 삼매와
신통의 일이
비로자나부처님의
원력이로다.

보현보살의 몸모습은
허공과 같아서
참됨을 의지하여 머무르고
국토가 아니나
모든 중생들의 마음에
하고자 하는 바를 따라서

넓은 몸을 나타내어
일체에 평등하도다.

보현보살이
모든 큰 서원에 안주하여
이 한량없는
신통력을 얻어서
일체 부처님 몸이
계시는 세계에
다 그 형상을 나타내어
그곳에 나아가도다.

일체 대중바다가
끝이 없어서
분신으로
그곳에 머무름도 한량없고
나타난 국토를
다 깨끗이 장엄하여
한 찰나 가운데
많은 겁을 보이도다.

보현보살이
일체 세계에 안주하니
나타난 신통이 수승하여

비할 데 없고
시방세계를
두루 다 진동하여
그 관하는 이로 하여금
다 보게 하도다.

일체 부처님의
지혜와 공덕의 힘과
갖가지 큰 법이
다 원만함을 이루어
모든 삼매와
방편문으로

지난 옛적의
보리행을 보이도다.

이와 같이
부사의한 자재로
시방의 국토를
다 나타내 보이고
모든 삼매에 널리 들어감을
나타내기 위하여
부처님의 광명구름 속에서
공덕을 찬탄하도다.

그 때에 일체 보살 대중이 다 보현보살을 향하여 합장하고 우러러보며 부처님의 위신력을 받들어 같은 음성으로 찬탄하여 말씀하였다.

모든 부처님의 법으로부터
출생하였으며
또한 여래의 원력을 인하여
일어났으니
진여의 평등한
허공장이라
그대가 이미 이 법신을

청정하게 장엄하였도다.

일체 부처님 세계의
대중모임 가운데
보현보살이
그곳에 두루 머무르며
공덕과
지혜바다 광명이
시방을 고루 비추어
다 보게 하도다.

보현보살의

광대한 공덕바다여
시방에 두루 가서
부처님을 친근하고
일체 티끌 가운데 있는
세계에
그곳에 다 나아가
밝게 나타나도다.

불자여,
우리들이 항상 그대를 보니
모든 여래의 처소를
다 친근하여

삼매의
실다운 경계 가운데
일체 국토의 미진겁 동안
머물렀도다.

불자여,
능히 널리 두루하는 몸으로
시방의 모든 국토에
다 나아가서
중생들 큰 바다를
모두 제도하여
법계의 미진에

다 들어가도다.

법계의 일체 티끌에
들어가니
그 몸이 다함없고
차별도 없어
비유하면 허공이
다 두루함과 같이
여래의 광대한 법을
연설하도다.

일체 공덕과

광명 지닌 이
구름처럼 넓고 큰 힘이
수승하여
중생바다 가운데
다 나아가서
부처님께서 행하신
같음 없는 법을 설하도다.

중생을 제도하기 위하여
겁바다에서
보현보살의 수승한 행을
모두 닦아

일체 법을 연설함이
큰 구름 같아서
그 음성이 광대하여
들리지 않음이 없도다.

국토는
어떻게 성립되었으며
모든 부처님은
어떻게 출현하시며
그리고
일체 중생바다를
원컨대 그 뜻을 따라

여실히 설해주소서.

이 가운데
한량없는 대중바다가 모두
높으신 분 앞에
공경히 머물러 있으니
위하여 청정하고
묘한 법륜을 굴려서
일체 모든 부처님께서
다 따라 기뻐하시게 하소서.

대방광불화엄경
제7권

4. 세계성취품

_____ 은(는) 『대방광불화엄경』을
사경하는 인연공덕으로
『화엄경』이 널리 유통되고
우리 모두 다함께 보리 이루기를 발원하옵니다.

대방광불화엄경
제7권

4. 세계성취품

　그 때에 보현보살마하살이 부처님의 위신력으로 일체 세계바다와 일체 중생바다와 일체 모든 부처님바다와 일체 법계바다와 일체 중생의 업바다와 일체 중생의 근성과 욕망바다와 일체 모든 부처님의 법륜바다와 일체 삼세바다와 일체 여래의 원력바다와 일체 여래의 신통변화바다를 두루 관찰하였다.

이와 같이 관찰하고 나서 널리 일체 도량 대중바다의 모든 보살들에게 일러 말씀하였다.

"불자들이여, 모든 부처님 세존께서 일체 세계바다의 이루어지고 무너짐을 아시는 청정한 지혜가 불가사의하며, 일체 중생의 업바다를 아시는 지혜가 불가사의하며, 일체 법계가 나란히 펼쳐진 바다를 아시는 지혜가 불가사의하며, 일체 가없는 부처님바다를 설하시는 지혜가 불가사의하며, 일체 욕망과 이해와 근성바다에 들어가시는 지혜가 불가사의하다.

한 생각에 일체 삼세를 널리 아시는 지혜가 불가사의하며, 일체 여래의 한량없는 원력바다를 나타내 보이시는 지혜가 불가사의하며, 일체 부처님의 신통변화바다를 나타내 보이시는 지혜가 불가사의하며, 법륜을 굴리시는 지혜가 불가사의하며, 연설 바다를 건립하심이 불가사의하다.

청정하신 부처님 몸이 불가사의하며, 가없는 색상바다가 널리 밝게 비침이 불가사의하며, 상과 수호가 다 청정하심이 불가사의하며, 가없는 색상의 광명바퀴바다가 구족하고 청정하심이 불가사의하며, 갖가지 색상의 광명구름바다가 불가사의하다.

수승한 보배불꽃바다가 불가사의

하며, 언어와 음성바다를 성취하심이 불가사의하며, 세 가지 자재바다를 나타내 보이심이 불가사의하며, 일체 중생을 조복하고 성숙하게 하심이 불가사의하며, 용맹스럽게 모든 중생바다를 조복하셔서 헛되이 지남이 없는 것이 불가사의하다.

부처님의 지위에 편안히 머무름이 불가사의하며, 여래의 경계에 들어감이 불가사의하며, 위신력으로 보호하여 유지함이 불가사의하며, 일체 부처님께서 지혜로 행하신 바를 관찰함이 불가사의하며, 모든 힘이 원만하셔서 능히 꺾어 조복할 수 없음이 불가사의하다.

두려움 없는 공덕을 능히 지나갈 이가 없음이 불가사의하며, 차별없는 삼매에 머무르심이 불가사의하며, 신통변화가 불가사의하며, 청정하고 자재한 지혜가 불가사의하며, 일체 부처님 법을 능히 무너뜨릴 수 없음이 불가사의하다.

이와 같은 일체 법을 내가 마땅히

부처님의 위신력과 일체 여래의 위신력을 받드는 연고로 구족히 연설하리라.

중생들로 하여금 부처님의 지혜바다에 들어가게 하려는 연고이며, 일체 보살로 하여금 부처님의 공덕바다 가운데 안주하게 하려는 연고이며, 일체 세계바다로 하여금 일체 부처님께서 자재하게 장엄하신 바이게 하려는 연고이다.

일체 겁바다 가운데 여래의 종성이 항상 끊어지지 않게 하려는 연고이며, 일체 세계바다 가운데 모든 법의 진실성을 나타내 보이게 하려는 연고이며, 일체 중생의 한량없는 이해바다를 따라서 연설하려는 연고이며, 일체 중생의 모든 근기바다를 따라서 방편으로 모든 부처님 법을 내게 하려는 연고이다.

일체 중생의 욕락바다를 따라서 일체 장애의 산을 꺾어 무너뜨리게 하려는 연고이며, 일체 중생의 심행바다를 따라서 벗어나는 요긴한 길을 깨끗이 닦게 하려는 연고이며, 일체 보살이 보현의 서원바다 가운데 안주하게 하려는 연고이다."

이 때에 보현보살이 또 한량없는 도량의 대중바다로 하여금 환희를 내게 하려는 연고이며, 일체 법에 애락을 증장하게 하려는 연고이며, 광대하고 진실한 믿음과 이해바다를 내게 하려는 연고이며, 넓은 문의 법계장신을 깨끗이 다스리게 하려는 연고이며, 보현의 서원바다를 나란히 펼치게 하려는 연고이며, 삼세가 평등한 데 들어가는 지혜의 눈을 깨끗이 다스리게 하려는 연고이며, 일체 세간창고를 널리 비추는 큰 지혜 바다를 증장하게 하려는 연고이며, 다라니의 힘을 내어 일체 법륜을 지니게 하려는 연고이며, 일체 도량 가운데에 부처님의 경계를 모두 다 열어 보이게 하려는 연고이며, 일체 여래의 법문을 열게 하려는 연고이며, 법계의 광대하고 매우 깊은 일체 지혜 성품을 증장하게 하려는 연고로 곧 게송을 설하여 말씀하였다.

지혜의 매우 깊은
공덕바다가
시방의 한량없는 국토에
널리 나타나
모든 중생들의
마땅히 볼 바를 따라서
광명을 두루 비추어
법륜을 굴리시도다.

사의하기 어려운
시방 세계바다를
부처님께서 한량없는 겁 동안

다 깨끗이 장엄하시고
중생들을 교화하여
성숙하게 하시려고
일체 모든 국토에
출현하시도다.

부처님의 경계는 매우 깊어
생각하기 어려운데
중생들에게 널리 보여
들어가게 하시거늘
그 마음이 소승을 즐겨
모든 존재에 집착하니

부처님의 깨달으신 바를
통달하지 못하도다.

만약 깨끗한 믿음과
견고한 마음이 있으면
항상 선지식을
친근하리니
일체 모든 부처님께서
그 힘을 주셔야
이에 능히 여래의 지혜에
들어가리라.

모든 아첨과 속임을 여의어
마음이 청정하고
항상 자비를 좋아하여
성품이 환희하며
뜻이 광대하고
신심이 깊은 사람
그는 이 법을
듣고 기뻐하리라.

보현의 모든 서원의 땅에
안주하고
보살의 청정한 도를

수행하며
법계가 허공 같음을
관찰하여야
이에 능히 부처님의
행하신 곳을 알리라.

이 모든 보살들이
좋은 이익 얻어서
부처님의
일체 신통력을 보나니
다른 도를 닦는 이는
알 수 없고

보현행을 하는 이라야
깨달음을 얻으리라.

중생들이 광대하여
끝이 없는데
여래께서 일체를
다 호념하셔서
바른 법륜을 굴려
다 이르게 하시니
비로자나부처님 경계의
힘이로다.

일체 세계 국토가
내 몸에 들어오며
머무르시는 모든 부처님도
또한 그러하니
그대는 마땅히
나의 모든 모공을 관해 보라
내가 지금 그대에게
부처님의 경계를 보이리라.

보현행원은
끝이 없으나
내가 이미 수행하여

구족하였고
보안의 경계와
광대한 몸은
부처님께서 행하신 바이니
자세히 들을지어다.

그 때에 보현보살마하살이 모든 대중들에게 일러 말씀하였다.

"모든 불자들이여, 세계바다에 열 가지 일이 있어서 과거와 현재와 미래의 모든 부처님께서 이미 말씀하셨고 지금 말씀하시며 앞으로도 말씀하실 것이다.

무엇이 열 가지인가. 이른바 세계바다가 일어날 때 갖춘 인연과, 세계바다가 의지하여 머무르는 것과, 세계바다의 형상과, 세계바다의 체성과, 세계바다의 장엄과, 세계바다의 청정과, 세계바다의 부처님 출현과, 세계바다의 겁이 머무름과, 세계바다의 겁이 전변하는 차별과, 세계바다의 차별없는 문이다.

모든 불자들이여, 간략히 말해서

세계바다에 이 열 가지 일이 있으니, 만약 널리 말한다면 세계바다 미진수와 같다. 과거와 현재와 미래의 모든 부처님께서 이미 말씀하셨고 지금 말씀하시며 앞으로도 말씀하실 것이다.

모든 불자들이여, 간략히 말하면 열 가지 인연으로 말미암아 일체 세계바다가 이미 이루어졌고 지금 이루어지며 앞으로도 이루어질 것이다.
무엇이 열 가지인가. 이른바 여래

의 위신력인 연고이며, 법이 마땅히 이와 같은 연고이며, 일체 중생의 행업인 연고이며, 일체 보살이 일체 지혜를 이루어서 얻은 바인 연고이며, 일체 중생과 모든 보살들이 함께 선근을 모은 연고이다.

일체 보살이 국토를 깨끗이 장엄한 원력인 연고이며, 일체 보살이 물러나지 않는 행원을 성취한 연고이며, 일체 보살의 청정하고 수승한 이해가 자재한 연고이며, 일체 여래의 선근에서 흘러나온 것과 일체 모든 부처님께서 성도하실 때의 자재한 세력인 연고이며, 보현보살의 자재한 원력인 연고이다.

모든 불자들이여, 이것이 간략하게 열 가지 인연을 말한 것이다. 만약 널리 말한다면 세계바다의 미진수가 있다."

그 때에 보현보살이 그 뜻을 거듭 펴려고 부처님의 위신력을 받들어 시방을 관찰하고 게송을 설하여 말씀하였다.

설하신 바
가없는 온갖 세계바다를
비로자나부처님께서
다 깨끗이 장엄하시니
세존의 경계가
부사의함이여
지혜와 신통의 힘이
이와 같도다.

보살이
모든 서원바다를 수행하여
널리 중생들 마음에

하고자 하는 바를 따르니
중생들의 심행이
넓고 가없어서
보살의 국토가
시방에 두루하도다.

보살이
일체지에 나아가서
갖가지 자재한 힘을
부지런히 닦으니
한량없는 서원바다를
널리 출생하여

광대한 세계를
다 성취하도다.

모든 행바다를 닦음이
끝이 없으며
부처님 경계에 들어감도
한량없어서
시방의 모든 국토를
청정하게 하려고
낱낱 국토에서
무량겁을 지내도다.

중생들이
번뇌에 흔들리고 혼탁하여
분별과 욕락이
한 모양이 아니라
마음 따라 업을 지음이
부사의하여
일체 세계바다가
이에 이루어졌도다.

불자여,
세계바다의 장엄창고는
때를 여읜 광명보배로

이루어진 것이라
이것은 광대한 신해심을
말미암음이니
시방에 머무르는 것이
다 이러하도다.

보살이
능히 보현행을 닦아서
법계 미진수의 길에
유행하며
티끌 가운데 한량없는 세계를
다 나타내니

청정하고 광대함이
허공과 같도다.

허공과 같은 세계에
신통을 나타내어
도량의 모든 부처님 처소에
다 나아가
연화좌 위에서
온갖 모양을 보이니
낱낱 몸이
일체 세계를 포함하였도다.

한 생각에
널리 삼세를 나타내어
일체 세계바다가
다 성립하고
부처님께서 방편으로
그 가운데 다 들어가시니
이것은 비로자나부처님께서
장엄하신 바로다.

그 때에 보현보살이 다시 대중들에게 일러 말씀하였다.

"모든 불자들이여, 낱낱 세계바다에 세계바다 미진수의 의지하여 머무르는 것이 있다.

이른바 혹은 일체 장엄을 의지하여 머무르며, 혹은 허공을 의지하여 머무르며, 혹은 일체 보배 광명을 의지하여 머무르며, 혹은 일체 부처님 광명을 의지하여 머무르며, 혹은 일체 보배색 광명을 의지하여 머무른다.

혹은 일체 부처님의 음성을 의지하여 머무르며, 혹은 환과 같은 업으로 생긴 대력 아수라의 형상인 금강 손을 의지하여 머무르며, 혹은 일체 세간 주인의 몸을 의지하여 머무르며, 혹은 일체 보살의 몸을 의지하여 머무르며, 혹은 보현보살의 원력으로 생긴 일체 차별한 장엄바다를 의지하여 머무른다.

모든 불자들이여, 세계바다에 이와 같은 세계바다 미진수의 의지하여 머무르는 것이 있다."

그 때에 보현보살이 거듭 그 뜻을 펴려고 부처님의 위신력을 받들어 시방을 관찰하고 게송을 설하여 말씀하였다.

　　시방 허공계에
　　두루 가득한
　　있는 바 일체
　　모든 국토가
　　여래 위신력의
　　가피하신 바로
　　곳곳에서 앞에 나타남을
　　다 볼 수 있도다.

혹 어떤 갖가지의
여러 국토는
때를 여읜 보배로
다 이루어졌고
청정한 마니가
가장 특수하고 미묘하여
치성하게 광명바다를
널리 나타내도다.

혹 어떤
청정한 광명 세계는
허공계를 의지하여

머무르며
혹은 마니보배바다
가운데서
다시 광명창고에
안주해 있도다.

여래께서
이 대중 모임바다에 계시어
법륜을 연설함이
다 교묘하시니
모든 부처님의 경계가
넓고 가없어서

중생들이 보는 이마다
마음에 환희하도다.

어떤 것은
마니로 장식하였는데
형상은 꽃 등불같이
널리 펼쳐져있고
향기불꽃 광명구름 빛이
치성한데
묘한 보배 광명그물로
덮여있도다.

혹 어떤 세계는
끝이 없으며
연꽃 핀 깊고 큰 바다에
안주하였는데
드넓고 청정함이
세간과 다르니
모든 부처님의 묘하고
훌륭한 장엄인 까닭이로다.

혹 어떤 세계바다는
윤전을 따르다가
부처님의 위신력으로

안주함을 얻으니
모든 보살 대중들이
그 가운데 두루하여
한량없고 광대한
보배를 항상 보도다.

혹 어떤 것은
금강 손에 머무르며
혹 또 어떤 것은
천주의 몸에 머무르니
비로자나 부처님
무상존께서

항상 이곳에서
법륜을 굴리시도다.

혹은 보배나무를 의지하여
평탄하게 머무르고
향기불꽃구름 가운데서
또한 그러하며
혹 어떤 것은 여러 큰 물 가운데
의지하고
어떤 것은 견고한 금강바다에
머무르도다.

혹 어떤 것은
금강깃대를 의지하며
혹 어떤 것은
꽃바다 가운데 머물러서
광대한 신통이
두루하지 않음이 없으니
비로자나부처님께서
이것을 나타내셨도다.

혹은 길고 혹은 짧고
한량없는 종류이며
그 형상이 둥글게 도는 것

또한 한 가지가 아니라
미묘한 장엄 창고
세간과 다르니
청정하게 닦아야
이에 볼 수 있도다.

이와 같이 갖가지로
각각 차별함이여
일체가 다 서원바다에
의지하여 머무름이라
혹 어떤 국토는
항상 허공에 있는데

모든 부처님께서
구름처럼 다 충만하시도다.

혹 어떤 것은
허공에 매달려 엎어져 머무르고
혹 때로는 있고
혹은 없으며
혹 어떤 국토는
극히 청정하고
보살의 보배관 속에
머무르도다.

시방 모든 부처님의
큰 신통이시여
일체를 모두
이 가운데서 봄이라
모든 부처님의 음성이
다 두루 가득하시니
이는 업력으로 인하여
변화한 바로다.

혹 어떤 국토는
법계에 두루하니
청정하고 때를 여읨이

마음에서 일어남이라
그림자 같고 환 같고
넓고 가없으며
인다라 그물처럼
각각 차별하도다.

혹은 갖가지 장엄창고를
나타내어
허공에 의지하여
건립했으니
모든 업의 경계가
부사의함이여

부처님의 힘으로 나타내어
다 보게 하시도다.

낱낱 국토의
미진 속에서
생각생각 모든 부처님 세계를
나타내 보이되
수효가 다 한량없어
중생과 같으니
보현이 짓는 바가
항상 이와 같도다.

중생들을
성숙시키고자 하는 까닭에
이 가운데서 수행하여
겁바다를 지내니
광대한 신통변화를
일으키지 않음이 없어서
법계 가운데
다 두루하였도다.

법계 국토의
낱낱 티끌에
모든 큰 세계바다가

그 가운데 머무는데
부처님구름이 평등하여
모두 덮으시니
모든 곳에
다 충만하도다.

한 티끌 속의
자재한 작용처럼
일체 티끌 속에서도
또한 다시 그러하니
모든 부처님과 보살들의
큰 신통을

비로자나부처님께서
다 나타내시도다.

일체 광대한
모든 세계가
그림자 같고 환 같고
또 불꽃 같으니
시방에서 생겨난 곳을
보지 못하며
또한 다시 온 곳도 없고
간 곳도 없도다.

괴멸과 생성이
서로 순환하고 반복하여
허공 가운데서
잠깐도 그치지 않으니
다 청정한 서원으로
말미암았고
넓고 큰 업력으로
유지되는 바로다.

그 때에 보현보살이 다시 대중들에게 일러 말씀하였다.

"모든 불자들이여, 세계바다에 갖가지 차별한 형상이 있다.

이른바 혹은 둥글고 혹은 모나며, 혹은 둥글지도 모나지도 아니하고 한량없이 차별하다.

혹은 물이 소용돌이치는 형상 같으며, 혹은 산과 불꽃 형상 같으며, 혹은 나무 형상 같으며, 혹은 꽃 형상 같으며, 혹은 궁전 형상 같으며, 혹은 중생 형상 같으며, 혹은 부처님 형상 같다.

이와 같은 것이 세계바다 미진수가

있다."

그 때에 보현보살이 거듭 그 뜻을 펴려고 부처님의 위신력을 받들어 시방을 관찰하고 게송을 설하여 말씀하였다.

모든 국토바다가
갖가지로 달라서
갖가지로 장엄하고
갖가지로 머무르되
특수한 형상이 모두 아름답고

시방에 두루하니
그대들은
다 함께 관찰할지어다.

그 형상이
혹은 둥글고 혹은 모나며
혹은 또 세모와
팔모이며
마니바퀴 형상과
연꽃 등이라
일체가 다 업을 말미암아
다르게 되었도다.

혹 어떤 것은
청정한 불꽃으로 장엄하되
진금으로
사이마다 아름답게 꾸미었고
문들을 활짝 열어
막힘없으니
이것은 업이 넓고
뜻이 잡됨이 없기 때문이로다.

세계바다의
가없는 차별창고가
비유하면 구름이

허공에 펼쳐진 것과 같이
보배바퀴가
땅에 펼쳐져 미묘하게 장엄했는데
모든 부처님의 광명이
그 속을 밝게 비추시도다.

일체 국토를
마음으로 분별함을
갖가지 광명으로
비추어 나타내는데
부처님께서
이와 같은 세계바다 가운데서

각각 신통력을
나타내 보이시도다.

혹은 잡되고 물들었으며
혹은 청정하여
고통을 받고 즐거움을 받음이
각각 다름이여
이것은 업바다가
부사의함을 말미암음이니
모든 유전하는 법이
항상 이와 같도다.

한 모공 속에
생각하기 어려운 세계가
미진수와 같이
갖가지로 머무는데
낱낱마다 모두
변조존이 계시어
대중모임 가운데서
미묘한 법을 펴시도다.

한 티끌 가운데
크고 작은 세계가
갖가지로 차별함이

티끌 수와 같아서
평탄하고 높고 낮음이
각각 같지 않은데
부처님께서 다 가셔서
법륜을 굴리시도다.

일체 티끌 가운데
나타난 세계가
모두 본원과
신통력이라
그 마음에 즐김을 따라
갖가지로 다르며

허공 가운데서
다 능히 만들어졌도다.

일체 국토에 있는
티끌의
낱낱 티끌 속에
부처님께서 다 들어가셔서
널리 중생들을 위하여
신통변화를 일으키시니
비로자나부처님 법이
이와 같도다.

그 때에 보현보살이 다시 대중들에게 일러 말씀하였다.

"모든 불자들이여, 세계바다에 갖가지 체성이 있음을 마땅히 알아야 한다.

이른바 혹은 일체 보배 장엄으로 체성이 되며, 혹은 하나의 보배 갖가지 장엄으로 체성이 되며, 혹은 일체 보배광명으로 체성이 되며, 혹은 갖가지 색의 광명으로 체성이 되며, 혹은 일체 장엄의 광명으로 체성이 되었다.

혹은 깨뜨릴 수 없는 금강으로 체성이 되며, 혹은 부처님 힘의 가지로 체성이 되며, 혹은 미묘한 보배 모양으로 체성이 되며, 혹은 부처님의 변화로 체성이 되며, 혹은 태양 마니바퀴로 체성이 되었다.

혹은 극히 미세한 보배로 체성이 되며, 혹은 일체 보배불꽃으로 체성이 되며, 혹은 갖가지 향으로 체성이 되며, 혹은 일체 보배 화관으로 체성이 되며, 혹은 일체 보배영상으로 체성이 되었다.

혹은 일체 장엄을 나타내 보이는 것으로 체성이 되며, 혹은 한 생각에 널리 나타내 보이는 경계로 체성이 되며, 혹은 보살 형상의 보배로 체성이 되며, 혹은 보배꽃술로 체성이 되며, 혹은 부처님의 음성으로 체성이 되었다."

그 때에 보현보살이 그 뜻을 거듭 펴려고 부처님의 위신력을 받들어 시방을 관찰하고 게송을 설하여 말씀하였다.

혹 어떤 여러 세계바다는
묘한 보배가 합하여 이루어져서
견고하여 깨뜨릴 수 없으며
보배연꽃에 안주하였도다.

혹은 청정한 광명이
출생을 알 수 없으며
일체 광명 장엄은
허공을 의지하여 머무르도다.

혹은 청정한 광명이 체성이 되어
다시 광명을 의지하여 머무르되

광명구름으로 장식하였으니
보살들이 함께 노니는 곳이로다.

혹 어떤 여러 세계바다는
원력으로부터 생겨나
마치 영상처럼 머무르니
취하여 말할 수 없도다.

혹은 마니로 이루어져서
태양창고 광명을 널리 놓으며
진주 바퀴로 땅을 장식하였으니
보살들이 다 충만하도다.

어떤 세계는 보배불꽃으로 이루어졌고
불꽃 구름이 그 위를 덮어서
온갖 보배 광명이 뛰어나게 미묘하니
다 업을 말미암아 얻은 바로다.

혹은 미묘한 형상에서 생겨나
온갖 형상들이 땅을 장엄하되
마치 관을 함께 쓴 것 같으니
이것은 부처님의 변화로 일어났도다.

혹은 마음바다에서 생겨나
마음에 이해하는 바를 따라 머무르며

환과 같아 처소가 없으니
일체가 분별이로다.

혹은 부처님의 광명과
마니의 광명으로 체성이 되어
모든 부처님께서 그 가운데 나타나셔서
각각 신통력을 일으키시도다.

혹은 보현보살이
모든 세계바다를 변화하여 나타내니
원력으로 장엄한 바라
일체가 다 뛰어나게 미묘하도다.

그 때에 보현보살이 다시 대중들에게 일러 말씀하였다.

"모든 불자들이여, 세계바다에 갖가지 장엄이 있음을 마땅히 알아야 한다.

이른바 혹은 일체 장엄구 가운데서 가장 미묘한 구름을 내어 장엄하며, 혹은 일체 보살의 공덕을 말하여 장엄하며, 혹은 일체 중생의 업보를 말하여 장엄하였다.

혹은 일체 보살의 서원바다를 나타

내 보여 장엄하며, 혹은 일체삼세 부처님의 영상을 표시하여 장엄하며, 혹은 일념 사이에 가없는 겁의 신통 경계를 나타내 보여 장엄하며, 혹은 일체 부처님의 몸을 출현하여 장엄하였다.

혹은 일체 보배 향구름을 나타내어 장엄하며, 혹은 일체 도량 가운데 모든 진귀하고 미묘한 물건의 광명이 밝게 비침을 나타내 보여서 장엄하며, 혹은 일체 보현의 행원을 나타내 보여서 장엄하였다.

이와 같은 것이 세계바다의 미진수가 있다."

그 때에 보현보살이 그 뜻을 거듭 펴려고 부처님의 위신력을 받들어 시방을 관찰하고 게송을 설하여 말씀하였다.

광대한 세계바다가
끝이 없으니
다 청정한 업으로
이루어진 바라

갖가지로 장엄하고
갖가지로 머물러
일체 시방에
다 두루 가득하도다.

가없는 색상의
보배불꽃구름이
광대하게 장엄하여
한 가지가 아니라
시방 세계바다에
항상 출현하여
미묘한 음성을

널리 내어 법을 설하도다.

보살의 가없는
공덕바다와
갖가지 큰 서원으로
장엄한 것이
이 국토에서 동시에
미묘한 소리를 내어
널리 시방의
모든 세계 그물을 진동하도다.

중생들의 업바다는

한량없이 넓어서
그를 따라 받는 과보도
각각 같지 않음을
일체 처의
장엄 가운데서
다 모든 부처님을 말미암아
능히 연설하도다.

삼세에 계시는
모든 여래께서
신통으로 모든 세계바다를
널리 나타내시니

낱낱 현상 가운데
일체 부처님이시여
이와 같이 엄정함을
그대는 마땅히 관할지어다.

과거와 미래와
현재 겁의
시방 일체
모든 국토여
그 곳에 있는
큰 장엄을
낱낱이 다

세계 가운데서 보도다.

일체 현상 가운데
한량없는 부처님께서
중생들의 수와 같이
세간에 두루하셔서
조복하게 하려고
신통을 일으키시니
이로써 국토바다를
장엄하셨도다.

일체 장엄이

미묘한 구름을 펴서
갖가지 꽃구름과
향기불꽃구름과
마니보배구름을
항상 나타내니
세계바다가
이로써 장식되었도다.

시방에 있는
성도하신 곳에
갖가지 장엄이
다 구족하여서

광명이 흘러 퍼져
고운 구름 같으니
이 세계바다를
다 보게 하도다.

보현의 원행을
모든 불자들이
중생과 같은 겁 동안
부지런히 닦아서
가없는 국토를
다 장엄하니
일체 처에서

다 나타나도다.

그 때에 보현보살이 다시 대중들에게 일러 말씀하였다.

"모든 불자들이여, 세계바다에 세계바다 미진수의 청정한 방편바다가 있음을 마땅히 알아야 한다.

이른바 모든 보살들이 일체 선지식을 친근하여 선근이 같은 연고이며, 넓고 큰 공덕구름을 증장하여 법계에 두루한 연고이며, 넓고 큰 모든 수승한 이해를 청정하게 닦는 연고이며, 일체 보살의 경계를 관찰하여 편안히 머무르는 연고이며, 일체 모든 바라밀을 닦아서 다 원만히 하는 연고이다.

일체 보살의 모든 지위를 관찰하여 들어가 머무르는 연고이며, 일체 청정한 서원바다를 출생하는 연고이며, 일체 벗어나는 요긴한 행을 닦는 연고이며, 일체 장엄바다에 들어가는 연고이며, 청정한 방편의 힘을 성취하는 연고이다.

이와 같은 것이 세계바다 미진수가 있다."

그 때에 보현보살이 그 뜻을 거듭 펴려고 부처님의 위신력을 받들어 시방을 관찰하고 게송을 설하여 말씀하였다.

일체 세계바다의
모든 장엄이
무수한 방편과 원력으로
생겨난 것이며

일체 세계바다가
항상 빛남도
한량없는 청정한 업력으로
일어난 것이로다.

오랫동안
선지식을 친근하여
선한 업을 함께 닦아
다 청정하고
자비가 광대하여
중생들에게 두루하니
이로써 모든 세계바다를

장엄하였도다.

일체 법문과
삼매 등과
선정과 해탈과
방편의 지위를
모든 부처님 처소에서
다 깨끗이 닦아
이로써 모든 세계바다를
출생하였도다.

한량없는

결정한 이해를 내어
여래와 같아서
다름이 없음을 능히 알고
인욕바다 방편을
이미 닦았으니
그러므로 가없는 세계를
깨끗이 장엄하였도다.

중생들을 이롭게 하려고
수승한 행을 닦아서
복덕이 광대하고
항상 증장함이

마치 구름이
허공에 가득 퍼진 듯하니
일체 세계바다를
다 성취하였도다.

모든 바라밀이 한량없어
세계 티끌 수 같은데
다 이미 수행하여
구족하게 하며
원바라밀이
다함없으니
청정한 세계바다가

여기에서 나왔도다.

같음이 없는
일체 법을 깨끗이 닦고
가없는 벗어나는 요긴한
행을 일으켜서
갖가지 방편으로
중생들을 교화하니
이와 같이
국토바다를 장엄하였도다.

장엄하는 방편의

지위를 닦고
부처님의
공덕법문바다에 들어가서
널리 중생들에게
고통의 근원을 없애게 하니
광대한 청정 세계를
다 성취하도다.

힘바다 광대하여
더불어 같을 이 없음이여
널리 중생들로 하여금
선근을 심게 하여

일체 모든 여래께
공양올리니
가없는 국토가
다 청정하도다.

그 때에 보현보살이 다시 대중들에게 일러 말씀하였다.

"모든 불자들이여, 낱낱 세계바다에 세계바다 미진수의 부처님께서 출현하시는 차별이 있음을 마땅히 알아야 한다.

이른바 혹은 작은 몸을 나타내시며, 혹은 큰 몸을 나타내시며, 혹은 짧은 수명을 나타내시며, 혹은 긴 수명을 나타내시며, 혹은 오직 한 부처님 국토만 깨끗이 장엄하시며, 혹은 한량없는 부처님 국토를 깨끗이 장엄하심이 있다.

혹은 오직 일승의 법륜만을 나타내 보이시며, 혹은 불가사의한 모든 승의 법륜을 나타내 보이심이 있으며, 혹은 적은 중생을 조복함을 나타내시며, 혹은 가없는 중생들을 조복함을 보이신다.
 이와 같은 것이 세계바다 미진수가 있다."

 그 때에 보현보살이 그 뜻을 거듭 펴려고 부처님의 위신력을 받들어 시방을 관찰하고 게송을 설하여 말씀하였다.

　모든 부처님께서
　　갖가지 방편문으로
　　일체 모든 세계바다에

출현하셔서
다 중생들 마음에
즐기는 바를 따르시니
이것은 여래의
훌륭한 방편의 힘이로다.

모든 부처님의 법신이
부사의함이여
색도 없고 형상도 없고
영상도 없으나
능히 중생들을 위하여
온갖 모습을 나타내셔서

그 마음에 즐김을 따라
다 보게 하시도다.

혹은 중생들을 위하여
짧은 수명을 나타내시며
혹은 수명이 한량없는 겁에
머무름을 나타내시니
법신을 시방에
널리 나타내셔서
마땅함을 따라
세간에 출현하시도다.

혹 어떤 때는
부사의한
시방에 있는 모든 세계바다를
깨끗이 장엄하시며
혹은 오직 한 국토만
깨끗이 장엄하시되
한꺼번에 다 남김없이
나타내 보이시도다.

혹은 중생들의 마음에
즐기는 바를 따라
생각하기 어려운

갖가지 승을 나타내 보이시며
혹 어떤 때는
오직 일승법만 펴셔서
하나 가운데 방편이 한량없음을
나타내시도다.

혹은 자연히
정각을 이루셔서
적은 중생에게
도에 머무르게 하시며
혹은 능히
한 순간에

수없는 중생들을
깨닫게 하시도다.

혹은 모공에서
변화하는 구름을 내셔서
한량없고 가없는 부처님을
나타내 보이시니
일체 세간이
다 환하게 봄이라
갖가지 방편으로
중생들을 제도하시도다.

혹은 말씀소리가
널리 두루하여
그 마음의 즐김을 따라
법을 설하셔서
불가사의한
큰 겁 가운데
한량없는 중생바다를
조복하시도다.

혹은 한량없는
장엄한 국토에
회중들이 청정하여

엄연히 앉았는데
부처님께서 구름 퍼지듯
그 가운데 계셔서
시방의 세계바다에
다 충만하시도다.

모든 부처님의 방편이
부사의함이여
중생들의 마음 따라
다 앞에 나타나셔서
갖가지 장엄 세계에
널리 머무시며

일체 국토에
다 두루하시도다.

그 때에 보현보살이 다시 대중들에게 일러 말씀하였다.

"모든 불자들이여, 세계바다에 세계바다 미진수 겁의 머무름이 있음을 마땅히 알아야 한다.
이른바 혹은 아승지 겁의 머무름이 있으며, 혹은 한량없는 겁의 머무름이 있으며, 혹은 가없는 겁의 머무름이 있으며, 혹은 같음이 없는 겁의 머무름이 있으며, 혹은 셀 수 없는 겁의 머무름이 있다.

혹은 일컬을 수 없는 겁의 머무름이 있으며, 혹은 사의할 수 없는 겁의 머무름이 있으며, 혹은 헤아릴 수 없는 겁의 머무름이 있으며, 혹은 말할 수 없는 겁의 머무름이 있으며, 혹은 말할 수 없고 말할 수 없는 겁의 머무름이 있다.

이와 같은 것이 세계바다 미진수가 있다."

그 때에 보현보살이 그 뜻을 거듭 펴려고 부처님의 위신력을 받들어 시방을 관찰하고 게송을 설하여 말씀하였다.

세계바다 가운데
갖가지 겁이
광대한 방편으로
장엄한 바라
시방국토를
다 관해 보아서
수량과 차별을

모두 밝게 알도다.

내가 보니
시방 세계바다의
겁의 수가 한량없어
중생들과 같으니
혹은 길고 혹은 짧고
혹은 가없음을
부처님 음성으로
지금 연설하도다.

내가 보니 시방의

모든 세계바다가
혹은 국토 미진 겁 동안
머무르며
혹은 한 겁이며
혹은 수없으니
서원이 갖가지로
각각 같지 않도다.

혹은 순전히 깨끗하고
혹은 순전히 물들었으며
혹은 또 물들고 깨끗함의
둘이 함께 섞였으니

원력바다가 나란히 펼쳐짐이
갖가지로 달라서
중생들의 생각 가운데
머무르도다.

지난 옛적 세계 티끌 수 겁 동안
수행하셔서
크고 청정한
세계바다를 얻으시니
모든 부처님의 경계가
장엄을 갖추어서
가없는 광대한 겁에

길이 머무르도다.

혹은 이름이
종종보광명이며
혹은 이름이
등음염안장이며
이진광명이며
그리고 현겁이니
이 청정한 겁이
일체를 거두었도다.

어떤 청정겁에는

한 부처님께서 출현하시며
혹은 한 겁 가운데
한량없이 출현하셔서
다함없는 방편과
큰 원력으로
일체 갖가지 겁에
들어가시도다.

혹은 한량없는 겁이
한 겁에 들어가며
혹은 또 한 겁이
많은 겁에 들어가서

일체 겁바다의
갖가지 문이
시방 국토에
다 밝게 나타났도다.

혹은 일체 겁의
장엄한 일을
한 겁 가운데
다 나타내 보이며
혹은 한 겁 안에
장엄한 바가
일체 가없는 겁에

널리 들어가도다.

처음 한 생각부터
마침내 겁을 이루는 것이
다 중생의 마음을
의지하여 나옴이라
일체 세계바다의
가없는 겁을
하나의 방편으로
다 청정하게 하도다.

그 때에 보현보살이 다시 대중들에

게 일러 말씀하였다.

"모든 불자들이여, 세계바다에 세계바다 미진수의 겁이 전변하는 차별이 있음을 마땅히 알아야 한다.

이른바 법이 이와 같은 연고로 세계바다가 한량없이 이루어지고 무너지는 겁으로 전변하며, 물들고 더럽혀진 중생들이 머무르는 연고로 세계바다가 오염을 이루는 겁으로 전변하며, 광대한 복을 닦은 중생들이 머무르는 연고로 세계바다가 오염과 청정을 이루는 겁으로 전변하며, 믿고 이해하는 보살들이 머무르는 연고로 세계바다가 오염과 청정을 이루는 겁으로 전변한다.

한량없는 중생들이 보리심을 일으키는 연고로 세계바다가 순수하게 청정한 겁으로 전변하며, 모든 보살들이 각각 모든 세계에 노니는 연고로 세계바다가 가없는 장엄한 겁으로 전변하며, 시방의 일체 세계바다에 모든 보살들이 구름처럼 모이는 연고로 세계바다가 한량없이 크게 장엄한 겁으로 전변한다.

　모든 부처님 세존께서 열반에 드시는 연고로 세계바다가 장엄이 소멸하는 겁으로 전변하며, 모든 부처님께서 세상에 출현하시는 연고로 일체 세계바다가 드넓게 장엄하여 청정한 겁으로 전변하며, 여래께서 신통변화하시는 연고로 세계바다가 널리 청정한 겁으로 전변한다.

　이와 같은 것이 세계바다 미진수가 있다."

그 때에 보현보살이 그 뜻을 거듭 펴려고 부처님의 위신력을 받들어 시방을 관찰하고 게송을 설하여 말씀하였다.

일체 모든 국토가
다 업력을 따라서 생겨나니
그대들은 마땅히 관찰하라
전변하는 모양이 이와 같도다.

오염된 모든 중생들이
업과 미혹에 얽힘이 두려우니

그 마음이 세계바다로 하여금
일체가 오염을 이루게 하도다.

만약 청정한 마음이 있어서
모든 복덕의 행을 닦으면
그 마음이 세계바다로 하여금
잡되고 물들며 청정하도다.

믿고 이해하는 모든 보살들이
그 겁 가운데 생겨나니
그 마음에 있는 바를 따라서
잡염과 청정을 보도다.

한량없는 모든 중생들이
다 보리심을 일으켜서
그 마음이 세계바다로 하여금
머무르는 겁이 늘 청정하게 하도다.

한량없는 억 보살들이
시방에 나아감에
장엄은 다름이 없으나
겁 가운데서 차별하게 보도다.

낱낱 미진 안에
부처님 세계가 티끌 수와 같은데

보살들이 함께 운집하여
국토가 다 청정하도다.

세존께서 열반에 드시니
그 국토의 장엄이 없어지고
중생들이 법의 그릇이 없어서
세계가 잡되고 물듦을 이루도다.

부처님께서 세상에 출현하시면
일체가 다 진귀하고 좋으리니
그 마음이 청정함을 따라서
장엄이 다 구족하도다.

모든 부처님께서 신통력으로
나타내 보이심이 부사의하니
이 때의 모든 세계바다는
일체가 널리 청정하도다.

그 때에 보현보살이 다시 대중에게
일러 말씀하였다.

"모든 불자들이여, 세계바다에 세계바다 미진수의 차별없음이 있는 줄 마땅히 알아야 한다.
이른바 낱낱 세계바다 가운데 세계

바다 미진수의 세계가 있는 것이 차별이 없으며, 낱낱 세계바다 가운데 모든 부처님께서 출현하셔서 있는 바 위력이 차별이 없으며, 낱낱 세계바다 가운데 일체 도량이 시방 법계에 두루함이 차별이 없으며, 낱낱 세계바다 가운데 일체 여래의 도량에 모인 대중들이 차별이 없다.

낱낱 세계바다 가운데 일체 부처님의 광명이 법계에 두루함이 차별이 없으며, 낱낱 세계바다 가운데 일체 부처님의 변화하신 명호가 차별이 없으며, 낱낱 세계바다 가운데 일체 부처님의 음성이 세계바다에 널리 두루하여 가없는 겁 동안 머무름이 차별이 없다.

낱낱 세계바다 가운데 법륜의 방편이 차별이 없으며, 낱낱 세계바다 가운데 일체 세계바다가 한 티끌에 널리 들어감이 차별이 없으며, 낱낱 세계바다 가운데 낱낱 미진에 일체 삼세 모든 부처님 세존의 광대한 경계가 다 그 가운데 나타남이 차별이 없다.

모든 불자들이여, 세계바다의 차별 없음을 간략하게 말하면 이와 같으나, 만약 널리 말한다면 세계바다의 미진수가 있다."

그 때에 보현보살이 그 뜻을 거듭 펴려고 부처님의 위신력을 받들어 시방을 관찰하고 게송을 설하여 말씀하였다.

한 미진 가운데
많은 세계바다가

처소는 각각 다르나
모두 장엄하여 청정한데
이와 같이 한량없음이
하나 가운데 들어가되
낱낱이 구분되어 섞이고
어긋남이 없도다.

낱낱 티끌 속에
사의하기 어려운 부처님께서
중생들의 마음을 따라
널리 앞에 나타나셔서
일체 세계바다에

다 두루하시니
이와 같은 방편이
차별이 없도다.

낱낱 티끌 가운데
모든 나무왕들이
갖가지로 장엄하여
다 드리웠는데
시방의 국토에
다 같이 나타나니
이처럼 일체가
차별이 없도다.

낱낱 티끌 속에
미진수의 대중들이
다 함께 사람 가운데 주인을
둘러싸니
일체에서 뛰어나
세간에 두루하되
또한 비좁거나
서로 잡란하지 않도다.

낱낱 티끌 가운데
한량없는 광명이
시방의 모든 국토에

널리 두루하여
모든 부처님의 보리행을
다 나타내니
일체 세계바다가
차별이 없도다.

낱낱 티끌 가운데
한량없는 몸이
구름같이 변화하여
널리 두루하며
부처님의 신통으로
중생들을 인도하시니

시방 국토에도
또한 다름이 없도다.

낱낱 티끌 가운데서
온갖 법을 설하시니
그 법이 청정하여
바퀴가 구르는 듯하며
갖가지 방편의
자재한 문으로
일체를 다 연설하심이
차별이 없도다.

한 티끌에서 널리
모든 부처님의 음성을 내어
모든 중생들의 법기에
가득 채우되
세계바다에 한없는 겁 동안
두루 머무르니
이와 같은 음성도
또한 차이가 없도다.

세계바다에 한량없는
미묘한 장엄이
한 티끌 가운데

들어가지 않음이 없으니
이러한 모든 부처님의
신통력이시여
일체가 다 업의 성품을
말미암아 일어났도다.

낱낱 티끌 가운데
삼세 부처님께서
그 즐기는 바를 따라
다 보게 하시니
체성은 옴도 없고
또한 감도 없으나

원력으로
세간에 두루하시도다.

회향송

아차보현수승행
무변승복개회향
보원침익제중생
속왕무량광불찰

시방삼세일체불
제존보살마하살
마하반야바라밀

廻向頌

我此普賢殊勝行
無邊勝福皆迴向
普願沈溺諸眾生
速往無量光佛剎

十方三世一切佛
諸尊菩薩摩訶薩
摩訶般若波羅蜜

大方廣佛華嚴經 — 부록

- 대방광불화엄경 목차
- 간행사

대방광불화엄경 목차

〈제1회〉

제1권 　제1품 　세주묘엄품 [1]

제2권 　제1품 　세주묘엄품 [2]

제3권 　제1품 　세주묘엄품 [3]

제4권 　제1품 　세주묘엄품 [4]

제5권 　제1품 　세주묘엄품 [5]

제6권 　제2품 　여래현상품

제7권 　**제3품 　보현삼매품**
　　　 　제4품 　세계성취품

제8권 　제5품 　화장세계품 [1]

제9권 　제5품 　화장세계품 [2]

제10권 　제5품 　화장세계품 [3]

제11권 　제6품 　비로자나품

〈제2회〉

제12권 　제7품 　여래명호품
　　　 　제8품 　사성제품

제13권 　제9품 　광명각품
　　　 　제10품 　보살문명품

제14권 　제11품 　정행품
　　　 　제12품 　현수품 [1]

제15권 　제12품 　현수품 [2]

〈제3회〉

제16권 　제13품 　승수미산정품
　　　 　제14품 　수미정상게찬품
　　　 　제15품 　십주품

제17권 　제16품 　범행품
　　　 　제17품 　초발심공덕품

제18권 　제18품 　명법품

〈제4회〉

제19권 제19품 승야마천궁품
          제20품 야마궁중게찬품
          제21품 십행품 [1]
제20권 제21품 십행품 [2]
제21권 제22품 십무진장품

〈제5회〉

제22권 제23품 승도솔천궁품
제23권 제24품 도솔궁중게찬품
          제25품 십회향품 [1]
제24권 제25품 십회향품 [2]
제25권 제25품 십회향품 [3]
제26권 제25품 십회향품 [4]
제27권 제25품 십회향품 [5]
제28권 제25품 십회향품 [6]
제29권 제25품 십회향품 [7]
제30권 제25품 십회향품 [8]
제31권 제25품 십회향품 [9]
제32권 제25품 십회향품 [10]
제33권 제25품 십회향품 [11]

〈제6회〉

제34권 제26품 십지품 [1]
제35권 제26품 십지품 [2]
제36권 제26품 십지품 [3]
제37권 제26품 십지품 [4]
제38권 제26품 십지품 [5]
제39권 제26품 십지품 [6]

〈제7회〉

제40권 제27품 십정품 [1]
제41권 제27품 십정품 [2]
제42권 제27품 십정품 [3]
제43권 제27품 십정품 [4]
제44권 제28품 십통품
          제29품 십인품
제45권 제30품 아승지품
          제31품 수량품
          제32품 제보살주처품
제46권 제33품 불부사의법품 [1]
제47권 제33품 불부사의법품 [2]

| 제48권 | 제34품 여래십신상해품 |
| 제35품 여래수호광명공덕품 |
제49권	제36품 보현행품
제50권	제37품 여래출현품 [1]
제51권	제37품 여래출현품 [2]
제52권	제37품 여래출현품 [3]

〈제8회〉

제53권 제38품 이세간품 [1]

제54권 제38품 이세간품 [2]

제55권 제38품 이세간품 [3]

제56권 제38품 이세간품 [4]

제57권 제38품 이세간품 [5]

제58권 제38품 이세간품 [6]

제59권 제38품 이세간품 [7]

〈제9회〉

제60권 제39품 입법계품 [1]

제61권 제39품 입법계품 [2]

제62권 제39품 입법계품 [3]

제63권 제39품 입법계품 [4]

제64권 제39품 입법계품 [5]

제65권 제39품 입법계품 [6]

제66권 제39품 입법계품 [7]

제67권 제39품 입법계품 [8]

제68권 제39품 입법계품 [9]

제69권 제39품 입법계품 [10]

제70권 제39품 입법계품 [11]

제71권 제39품 입법계품 [12]

제72권 제39품 입법계품 [13]

제73권 제39품 입법계품 [14]

제74권 제39품 입법계품 [15]

제75권 제39품 입법계품 [16]

제76권 제39품 입법계품 [17]

제77권 제39품 입법계품 [18]

제78권 제39품 입법계품 [19]

제79권 제39품 입법계품 [20]

제80권 제39품 입법계품 [21]

위태천신(동진보살)

수미해주 須彌海住

동국대학교 명예교수
중앙승가대학교 법인이사
대한불교조계종 수미정사 주지

사경본 한글역
대방광불화엄경 제7권

| 초판 1쇄 발행_ 2020년 11월 24일

| 엮은이_ 수미해주
| 엮은곳_ 수미정사 불전연구원
| **편집위원**_ 해주 수정 경진 선초 정천 석도 박보람 최원섭
| **편집보**_ 동건 무이 무진 김지예

| 펴낸이_ 오세룡
| 펴낸곳_ 담앤북스
　　　　서울특별시 종로구 새문안로3길 23 경희궁의 아침 4단지 805호
　　　　대표전화 02)765-1251　전자우편 damnbooks@hanmail.net
　　　　출판등록 제300-2011-115호
| ISBN_ 979-11-6201-258-1　04220

이 책은 저작권 법에 따라 보호받는 저작물이므로 무단전재와 복제를 금합니다.
이 책 내용의 전부 또는 일부를 이용하려면 반드시 저작권자와 담앤북스의 서면 동의를 받아야 합니다.
이 도서의 국립중앙도서관 출판예정도서목록(CIP)은 서지정보유통지원시스템 홈페이지(http://seoji.nl.go.kr)와
국가자료종합목록 구축시스템(http://kolis-net.nl.go.kr)에서 이용하실 수 있습니다. (CIP제어번호 : CIP2020046287)

정가 10,000원
ⓒ 수미해주 2020

간 행 사

　귀의삼보 하옵고,

『대방광불화엄경』의 수지 독송과 유통을 발원하면서 수미정사 불전연구원에서『독송본 한문·한글역 대방광불화엄경』과『사경본 한글역 대방광불화엄경』을 편찬하여 간행하게 되었습니다.

『화엄경』은 우리나라에 전래된 이래 일찍부터 사경되고 주석·강설되어 왔으며 근현대에 이르러서는『화엄경』의 한글 번역과 연구도 부쩍 많이 이루어졌습니다. 그만큼『화엄경』이 우리 불자님들의 신행과 해탈에 큰 의지처가 되었던 것임을 알 수 있습니다.

『화엄경』을 독송하고 사경하는 공덕은 설법 공덕과 함께 크게 강조되어 왔습니다. 그리하여 수미정사 불전연구원에서도『화엄경』(80권)을 독송하고 사경하는 데 도움이 되도록 한문 원문과 한글역을 함께 수록한 독송본과 한글역의 사경본『화엄경』간행불사를 발원하였습니다. 이『화엄경』간행불사에 뜻을 같이하여 적극 후원해주신 스님들과 재가 불자님들께 깊이 감사드립니다. 또한『화엄경』을 수지 독송할 수 있도록 경책의 모습으로 장엄해 주신 편집위원들과 담앤북스 출판사 관계자들께도 고마움을 표합니다.

　끝으로 이 불사의 원만 회향으로『화엄경』이 널리 유통되고, 온 법계에 부처님의 가피가 충만하시길 기원드립니다.

　나무 대방광불화엄경

불기 2564년 '부처님오신날'을 봉축하며
수미해주 합장